VOGUE
THIS BOOK BELONGS TO

VOGUE

VOGUE

VOGUE

VOGUE

VOGUE

VOGUE

VOGUE
BOOM!

VOGUE

VOGUE

VOGUE

VOGUE

VOGUE

VOGUE

VOGUE

VOGUE

VOGUE

VOGUE

VOGUE

VOGUE

VOGUE

VOGUE

VOGUE

VOGUE

VOGUE

VOGUE

VOGUE

VOGUE

VOGUE

VOGUE

VOGUE

Made in the USA
Coppell, TX
17 May 2024

32502645R00037